Slikkerier

Stine Meyer

Foto: Maj-Britt

Stine Meyer

Mor til to børn og ansat som faglærer på EUC Syd i Aabenraa.

Uddannet kok og tjener og har en lærer-uddannelse i biologi, fysik/kemi og matematik.

Forlag: Books on Demand – København, Danmark

Fremstilling: Books on Demand – Norderstedt, Tyskland

Bogen er fremstillet efter on-Demand-proces

ISBN 978-87-7188-430-2

Forord

Hvorfor en bog om slik?

Da vi arbejdede med bogen om julebag, var det sværeste at vælge hvilke opskrifter, der skulle med i bogen, og hvilke vi måtte undlade.

Vi fandt ud af, at mange af de ting vi laver til jul, intet havde med jul at gøre. Det drejede sig om hjemmelavet slik og små desserter som f.eks. toffifee og flødeboller.

De kommer så her; en samling af opskrifter på slik og søde sager og enkelte salte snacks.

Dog har vi undladt de opskrifter, vi allerede har bragt som f.eks. brændte mandler og bounty.

Om det er pædagogisk korrekt at lave en så usund bog med børnene, det ved jeg ikke. Men det har i hvert fald været hyggeligt og givet os mange gode timer og godt humør – og smil og latter er vel i allerhøjeste grad også at betragte som sundhed.

Før du går i gang

Til mange af opskrifterne skal du bruge et termometer. Vær opmærksom på, at mange stegetermometre kun går til 150 grader. Du skal derfor have fat i et af de nyere termometre eller et sukkertermometer. Det er også vigtigt, at det kan måle præcist og hurtigt.

Som med al anden madlavning er hygiejnen vigtig. Sørg for, at gryder og redskaber er helt rene, før du går i gang.

Vær også opmærksom på, at mange forme ikke kan tåle sæbe og maskinopvask.

Når du arbejder med sukker, arbejder du også ofte med meget høje temperaturer. Vær opmærksom på, at nogle af opskrifterne kun bør laves sammen med en voksen.

Hvis du får varmt sukker på dig, tørres det væk i et viskestykke eller lignende, inden du skyller området i koldt vand.

Hvis du skal beklæde forme med bagepapir, kan du med fordel bruge lidt smør eller olie på undersiden, så papiret bliver, hvor det skal.

Når du skal arbejde med vaniljestænger er det nemmest, hvis du flækker stangen på langs, skraber kornene ud, og derefter knuser dem i et par skefulde sukker. På den måde klumper de ikke sammen. Den tomme vaniljestang kan du gemme i en krukke med sukker, så vil den afgive smag til sukkeret.

Hvis noget skal smøres med olie, bør du bruge smagsneutral olie som f.eks. rapsolie eller solsikkekerneolie. Olivenolie er ikke egnet, da det afgiver smag til emnet.

Ord med kursiv er forklaret bagerst i bogen.

Indholdsfortegnelse

Lidt om sukker og sødemidler

Ordet sukker er egentlig en fællesbetegnelse for en gruppe af simple kulhydrater, som vi anvender i madlavningen. I daglig tale bruger vi ordet sukker om det hvide strøsukker, der anvendes til de fleste slags kager og desserter samt som sødemiddel i drikke m.m.
Der findes flere forskellige slags sukker. Alle med forskellig smag, konsistens og bageevne.

Her er samlet lidt oplysninger om de forskellige sukkertyper, og hvordan erstatningsforholdet er.

De to mest brugte sukkertyper, når du laver slik, er almindeligt sukker (stødt melis) og druesukker. Kemisk set er der stor forskel på de to slags sukker-molekyler, da druesukker kun består af monosak-karidet glukose og derfor er meget let opløseligt. Almindeligt sukker (sukrose) er et disakkarid, sam-mensat af to monosakkarider; nemlig glukose og fruktose.

Glukose (druesukker)

Sukrose (almindeligt hvidt sukker)

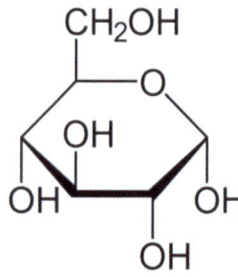

Foto: wikipedia

Almindeligt strøsukker (stødt melis)

Stødt melis er et hvidt granulat af krystaller på ca. 0,5 mm. I dag udvindes det i Danmark fra sukkerroer. Tidligere importerede vi fra tropiske lande, hvor man kunne dyrke sukkerrør.

Det er den mest anvendte form for sukker. Prisen ligger på ca. 10-15 kr. pr. kg.

1 dl sukker vejer ca. 85-90 g.

Perlesukker (demerara)

Perlesukker er et groft granulat, bestående af klare krystaller på ca. 3 mm. Krystallerne bliver så store, da sukkeret har kogt ekstra længe. Opløsningstiden er derfor også tilsvarende længere, hvilket gør, at denne type sukker er god som pynt på småkager eller til f.eks. kandiserede æbler.

Bruger man perlesukker i en småkagedej i stedet for almindeligt sukker, er det ikke sikkert, krystallerne når at opløses, og man vil derfor kunne se små klumper af sukker i dejen.

Hvis man vil erstatte perlesukker med almindeligt sukker, kan det erstattes efter vægt 1:1. Man skal være opmærksom på, at det ikke smelter lige så hurtigt som strøsukker.

Brun farin

Brun farin kaldes i Sønderjylland også for "puddersukker". (Ikke at forveksle med det tyske *Puderzucker*, der betyder flormelis).

I dag fremstilles brun farin ved at blande færdigraffineret, stødt melis med melasse (flydende restprodukt). Før i tiden blev brun farin taget fra melisproduktionen, inden raffineringsprocessen sluttede.

Brun farin har en let fugtig konsistens. Hvis der kommer luft til, tørrer det ind og bliver meget hårdt.

Brun farin kan have smagsnoter af karamel og kaffe.

Rørsukker (mørk og lys)

Rørsukker fremstilles af sukkerrørsstængler. Saften indkoges til en klæbrig, brun masse, der derefter inddampes. Krystallerne knuses til det, vi i dag kender som rørsukker. Hvis man raffinerer rørsukker, får man det almindelige hvide sukker.

Muscovadosukker

Muscovadosukker er uraffineret sukker, tilsat sirup. Det giver det en let fugtig konsistens og en karamelliseret smag.

Hugget sukker

Hugget sukker fremstilles ved at presse almindeligt sukker, mens det stadig er lidt fugtigt. Det bruges mest i varme drikke, hvor dets kubeform gør doseringen lettere.

Druesukker (dextrose/glukose)

Druesukker smager ikke helt så sødt som almindeligt sukker. Molekylært er det en meget simpel formel, og derfor giver det hurtigt energi. Det er mest kendt i form af små, pressede stykker, der indtages som en sugetablet for hurtigt at få et energiboost. I forbindelse med bolchefremstilling købes det i pulverform. Ved at tilsætte druesukkeret til det almindelig sukker får vi et lavere smeltepunkt og derved en bedre konsistens. Det sikrer, at bolcherne ikke bliver stenhårde. Den rette temperering sikrer, at de ikke smuldrer. 1 kg druesukker koster ca. 30 kr.

1 dl druesukker vejer ca. 60 g.

Flormelis

Flormelis er stødt melis, der knuses til meget fine krystaller og blandes med lidt kartoffelmel for ikke at klumpe. Konsistensen kan have indflydelse på det færdige resultat, og smeltepunktet er heller ikke det samme som ved almindeligt, stødt melis. Derfor skal man passe på med at udskifte sukker med flormelis, selvom der ikke er nogen synderlig smagsforskel. Flormelis bruges ofte til glasurdekorationer, eller når man ønsker at smelte sukkeret hurtigt.

1 dl flormelis vejer ca. 55 g.

Kandis

Kandis er 2-3 cm store gyldne krystaller. Man fremstiller dem ofte ved at lade krystallerne vokse frem på snore, der er dyppet i en mættet sukkeropløsning. Dette er i dag mere en historisk specialitet, der kan købes i museumsbutikker, da en moderne fabrik ikke har tid til denne nicheproduktion.

Stevia (Steviol glycid E-960)

Stevia er en plante, der stammer fra Paraguay. Den kan købes som frisk plante eller som pulver – enten rent eller blandet med sukker. Rent stevia indeholder ingen kulhydrater og har derfor et glykæmisk indeks på 0. Det søder meget, men har en lettere medicinsk/lakridsagtig eftersmag. Der kommer stadig flere og flere produkter (blandt andet slik) på hylderne, der er sødet med stevia.

Isomalt

Isomalt er et erstatningssukker, der er så rent, at det forbliver klar ved kraftig opvarmning. Det smager som almindeligt sukker, men krystalliserer ikke ved opvarmning og klistrer heller ikke. Det er derfor oplagt at bruge til at lave sukkerpynt af.

200 g koster typisk 50 kr.

Honning

Honning er egentlig ikke sukker, men et godt naturligt alternativ. Blomsters nektar blandes i biernes mave med enzymer, hvorved honning dannes. Det er nemmere at fremstille sukker fra sukkerroer, hvilket gør, at prisen på honning er høj. Til gengæld indeholder honning flere vitaminer og mineraler. Honning består hovedsageligt af sukkermolekyler og kan derfor smelte og karamellisere som sukker. Smagen afhænger af, hvilke planter bien har samlet nektar fra.

70 g honning søder lige så meget som 100 g sukker.

Sirup

Sirup er en sejtflydende masse, hvor en del af sukkeret er opløst til monosakkarider. Kombinationen af fruktose og glukose forhindrer krystallisering. Og det høje indhold af sukker giver en lang holdbarhed.

Derudover findes der flere former for naturlig sirup. F.eks. ahornsirup, der blev produceret af det oprindelige folk i Nordamerika. Det består af udkogt saft fra træet sukkerløn. I dag er det en helt igennem industrialiseret proces. Det er mere tyndtflydende end honning. Farven er brun og smagen aromatisk.

Sirup kan godt bruges i stedet for sukker. Man skal bruge ca. 75 % sirup i forhold til almindeligt, stødt melis. Derudover bør man fjerne 3 spsk. af den væske, der er i opskriften.

Glukosesirup

Glukosesirup er en tyk, klistret masse, lavet på kulhydrat fra hvede. Den er lidt mindre sød end almindelig sirup. Den bruges ofte i is og slik, da den ikke krystalliserer så nemt som almindeligt sukker. 1 dl sukker svarer ca. til 1,1 dl glukosesirup.

Kunsthonning/invert sukker

Kunsthonning er lavet på baggrund af viden om honning og sirup. Sukker bliver behandlet med syre, så disakkaridet spaltes til to monosakkarider. Smagen kommer herved til at minde om honning.

Kokospalmesukker/kokosblomstsukker

Kokospalmesukker stammer fra kokospalmens blomstersaft, og har et glykæmisk index på omkring 35. Smagen er karamelagtig. Kokospalmesukker indeholder zink og calcium.

Kunstige sødemidler

Kunstige sødemidler er syntetisk fremstillet. De ligner ikke sukker i deres kemiske opbygning, men smager som sukker. De bruges ofte i læskedrikke og slik.

Når man køber "light" produkter er det oftest aspartan eller sakkarin, der er brugt som sødemiddel. Aspartan kaldes også "NutraSweet" og har E-nummer 951. Det søder 200 gange mere end sukker.

Det undersøges for tiden, om aspartan kan give bivikrninger som f.eks. depression og migræne. Sakkarin (E-954) er det ældste sødemiddel, vi kender. Det søder 300 gange mere end sukker. Undersøgelser tyder på, at sakkarin kan være kræftfremkaldende.

Bolcher

Ingredienser

Grundopskrift:
1 dl vand
450 g sukker
125 g druesukker

Spejderhagl:
4 spsk. lakrid*sekstrat* B
20 dråber anisolie eller stjerneanisolie
Vend de færdige bolcher i lakrids*pulver*

Hindbærbolcher:
30 dråber rødbedefarve
2 tsk. citronsyre
20 dråber hindbærsmag

Fremgangsmåde

Plader, *teflonvæv*, sakse og *skrabere* smøres ind i et tyndt lag smagsneutral olie.
Teflonvævet placeres på en glat flade, der kan tåle varme. (En bageplade med et håndklæde under kan bruges).

Kom først vand, så sukker og til sidst druesukker i gryden, uden at sukkeret rammer grydens kanter.
Kog massen ved fuld varme MED låg og UDEN omrøring.

Efter 5-10 minutter, når man kan høre massen boble, og vanddampen, der kommer ud under låget, aftager, koges massen videre uden låg. Undgå at røre i massen. Placer *sukkertermometeret* i midten.
Når temperaturen er præcis 162 grader tages gryden af. Hold øje med termometeret. Det går langsomt i starten, men hurtigt til sidst! En afvigelse på mere end 2 grader kan ødelægge massen.

Hæld massen ud på det smurte teflonvæv.
Efter ca. 1 minut har massen dannet hinde i kanterne.
Fold med skraberne dejen ind mod midten, så massen bliver blandet godt mens farvestoffet tilsættes.
Bland derefter evt. citronsyre i på samme måde.
Til sidst tilsættes smagsstofferne hurtigt (fold og bland straks – de fordamper let).

Når man kan røre ved massen,
skal der æltes med hænderne.
Ved at trække massen fra hin-
anden og lægge den sammen
igen, slæbes der luft ind i mas-
sen, og farven skifter til lys og
skinnende.
Inden massen er kølet helt
ned, rulles en lang pølse, og
bolcher klippes af ved hele
tiden at dreje stangen en
kvart omgang. Man kan også
lave slikkepinde – det er nem-
mere for de mindste.

Chokoladefondue

Ingredienser

Frisk frugt i tern (ananas, melon, banan ...)

Bær (jordbær, ananaskirsebær, brombær ...)

Tørret frugt (abrikoser, dadler, æbleringe ...)

Vafler

Småkager

Nødder

Skumfiduser

Havregrynskugler

Marcipan

Popcorn

Lakrids

Chokolade (hvid, lys eller mørk efter smag)

Fremgangsmåde

Frugten skæres i mundrette stykker. De valgte ingredienser anrettes på en tallerken.

Chokoladen smeltes og hældes derefter i en varm skål.

Server anretningen med små spyd eller gafler.

Chokolademandler

Ingredienser

100 g mandler
150 g hvid chokolade
½ spsk. kakao
½ spsk. lakrids*pulver*

Fremgangsmåde

Mandlerne ristes i ovn ved 180 grader i
8-10 minutter.
Lad mandlerne køle helt af.

Bland kakao og lakridspulver.

Chokoladen smeltes over et *vandbad*.
Vend mandlerne i chokoladen. Læg dem
hver for sig på et stykke bagepapir og
lad dem størkne. Vend dem anden gang
i chokolade. (Her kan man evt. bruge en
mørkere chokolade).

Lad dem køle næsten helt af og vend
dem i kakaoblandingen, lige inden de er
helt afkølet.

Chokolade/salmiak slikkepinde

Ingredienser

400 g lys chokolade
100 g salmiaklakrids

Fremgangsmåde

Chokoladeformene vaskes i varmt vand, tørres med et rent viskestykke og pudses derefter med vat.

Den lyse chokolade *tempereres*. (Hvis den ikke tempereres, slipper chokoladen ikke formene).

Salmiaklakrids skæres til den ønskede størrelse og vendes i chokolademassen.
Chokoladen hældes i formene. Hvis der laves slikkepinde, lægges pinden i med det samme.

Chokoladen stilles køligt, til den er størknet. Hvis den stilles i køleskabet, må den ikke stå længere end 10 minutter.
Chokoladen bankes forsigtigt ud af formene.

Slikkepindende kan pakkes ind i husholdningsfilm. Her plejer de dog at blive spist med det samme. Chokoladebarrerne pakker vi ind i stanniol, hvorefter børnene tegner et papiromslag til chokoladen.

Man kan selvfølgelig bruge hvid eller mørk chokolade, som man lyster. På samme måde kan fyldet varieres med ristede nødder, romudblødte rosiner eller andet spændende.

Daim

Ingredienser

100 g sukker

1 dl piskefløde

10 g saltet smør, stuetemperatur

10 g mandler, smuttede og finthakkede

Mælkechokolade til overtræk

Fremgangsmåde

Smelt sukkeret over lav varme i en tykbundet gryde, til sukkeret er helt opløst. Undgå at røre for meget i sukkeret. Tag gryden af varmen og tilsæt smørret. Sukkeret vil nu bruse op.

Rør kraftigt i blandingen. Når massen er ensartet, sættes gryden tilbage på blusset, og karamellen varmes igennem ved lav varme. Tilsæt piskefløden i små mængder. Så kan fløden nå at tage imod varme, når den rammer gryden. På den måde bliver den nemmere blandet med den varme karamel. Rør rundt, mens massen koger. Når al fløden er rørt i, tilsættes mandlerne.

Karamellen skal småkoge under konstant omrøring. Den er færdig, når den er ca. 125 grader varm. Pas på den ikke brænder på.

Man kan teste, om karamellen er færdig ved at dryppe en dråbe karamel ned i et glas iskoldt vand, så den stivner med det samme. Hvis dråben knaser, er karamellen færdig.

Når karamellen er klar, hældes den ud i en form, belagt med bagepapir. Den skal være ca. 3 mm tyk. Lad massen køle lidt af. Man kan evt. smøre massen tyndere ud med en kniv.

Inden massen stivner helt, skal den skæres eller klippes ud i de ønskede størrelser.

Lad karamellen køle helt af, før den lyse chokolade *tempereres*, og krokantfirkanterne overtrækkes.

Eukalyptuspastiller/tic-tac

Ingredienser

1 æggehvide
1½ tsk. eukalyptus*essens*
250 g flormelis
Evt. farve

Fremgangsmåde

Rør æggehviden sammen med smags-stoffet.

Sigt flormelis i og rør, indtil massen er fast. Tilsæt evt. farve.

Kom massen i en *sprøjtepose* med en lille tyl og sæt små dråber på en bageplade med bagepapir eller teflonvæv.

Lad kuglerne tørre i ca. 1 times tid.

Hvis man erstatter eukalyptus med pe-bermynte, kan man fremstille de klassi-ske pebermyntepastiller ved at sprøjte massen ud i små knapper og sprøjte lidt smeltet chokolade på midten af knap-pen, inden den størkner. Sprøjtes peber-myntemassen ud i små pastiller minder, de om tic-tac.

Ferrero Rocher og nutella

Ingredienser

50 g sukker
50 g smør
50 g mel
50 g æggehvider
100 g hasselnødder
150 g nutella
150 g mælkechokolade

Fremgangsmåde

Smelt smørret over lav varme.

Rør sukker, mel og æggehvider sammen i en skål. Tilsæt ca. 10 g finthakkede hasselnødder. Tilsæt smørret lidt ad gangen. Rør dejen jævn og hæld den i en *sprøjtepose*, der lukkes og lægges på køl. Sprøjt dejen ud på bagepapir i små portioner. Glat dejen med en paletkniv og bag vaflerne ved 180 grader, til de er gyldne. Afkøles herefter på rist.

Rist hasselnødderne ved 200 grader i ca. 5 minutter og gnub hinderne af i et viskestykke. Tag 12 hele nødder fra og hak resten. Gem ca. 30 g af de hakkede nødder til senere.

Læg 40 g vafler i en frysepose og knus dem med en kagerulle. Rør de knuste vafler sammen med de hakkede nødder og nutella og stil massen i fryseren, til den er fast.

Form kugler af den afkølede masse. Mas en hel hasselnød ind i midten af hver kugle. Læg kuglerne på et skærebræt, beklædt med bagepapir og frys dem igen.

Smelt chokoladen over et *vandbad* og bland de sidste hasselnøddestykker heri. Dyp de iskolde kugler i den smeltede chokolade og lad dem køle af i køleskab, før de serveres.

Hjemmelavet nutella:
100 g hakket, lys chokolade blandes med 50 g hasselnøddemel. 1 dl fløde koges op og hældes over blandingen. Der røres, til chokoladen er smeltet. Tilsæt 40 g stuetempereret smør lidt ad gangen. Nutella'en kan evt. tilsættes grofthakkede nødder eller lidt flagesalt.

Flæskesvær (uden fedtkant)

Ingredienser

Skind fra gris
Salt
Fritureolie

Fremgangsmåde

Skrab sværen så fri for fedt som muligt og skær den ud i tynde strimler på 1-2 cm bredde. Pas på at stykkerne ikke bliver for store, da de så ikke kan være i frituren når de "puffer op".

Blancher sværen i 20 minutter i rigeligt vand, tilsat 2 spsk. salt. Tag strimlerne op og skrab evt. det sidste fedt af.

Tør strimlerne i ovn ved 80 grader i minimum 2 timer. De tørrede strimler kan herefter opbevares i op til 5 dage i en lufttæt beholder.

Når flæskesværen skal spises, dyppes den i friture ved ca. 175 grader, indtil den puffer op og bliver luftig og sprød. Sværen lægges herefter straks på fedtsugende papir og drysses med en smule flagesalt.

Flødeboller (ca. 12 stk.)

Ingredienser

130 g mandelmel

100 g marcipan

150 g sukker

50 g glukosesirup (2-3 spsk.)

2 spsk. vand

½ tsk. vaniljesukker

3 æggehvider (120 g)

1 spsk. sukker (15 g)

500 g hakket mørk chokolade

Fremgangsmåde

Pisk 40 g æggehvider stive med 50 g sukker. Vend mandelmel og revet marcipan i massen og fyld den i en *sprøjtepose*. Sprøjt bunde ud i den ønskede størrelse. Bundene bages i 7-10 minutter ved 180 grader varmluft.

85 g sukker, sirup, vand og vaniljesukker koges i en tykbundet gryde til præcis 117 grader. Gryden tages af varmen, og 80 g æggehvider piskes let sammen med 15 g sukker på røremaskine. Den varme sirup hældes nu i æggehviderne i en tynd stråle, mens der konstant piskes ved høj hastighed. Pisk til skummet er sejt (5-10 minutter) og fyld det så i en *sprøjtepose*.

Læg bundene på en silikonemåtte eller et viskestykke, så de ikke glider rundt. Sprøjt marengsmasse på bundene, så det når helt ud til kanterne. Lad flødebollerne stå i 1-2 timer ved stuetemperatur og lufttørre.

Når toppene har en tør hinde, *tempereres* chokoladen. Hæld den flydende chokolade i en cylinderformet beholder og dyp flødebollerne i chokoladen. Hvis chokoladen kommer under 31 grader bør den varmes op til ca. 34 grader igen.

Chokoladen kan også pensles på flødebollerne.

Skallerne kan også støbes i en form. Her bruges samme fremgangsmåde som ved fyldte chokolader (side 25), og derefter fyldes skallerne med skum og bund.

Vælger man at fryse skummet, for at det bedre holder formen, bør chokoladen hældes over flødebollerne i stedet for, da den bliver for kold ved dyppemetoden.

Flødekarameller eller guldkarameller

Ingredienser

5 dl piskefløde

250 g sukker

120 g glukosesirup

Evt. 1 spsk. saltflager

Evt. mørk chokolade til overtræk

Fremgangsmåde

Sukker, fløde og glukosesirup koges ved middel varme i omkring 30-40 minutter. Rør jævnligt i massen, så den ikke brænder på.

Når massen får en gylden farve og er sej og tyktflydende, er den ved at være klar. Den skal slippe bunden, når man rører i den. Læg en teske karamel på en iskold tallerken for at køle den af og derved vurdere, om den er kogt nok ind.

Når karamellen har fået den ønskede konsistens, kan man evt. drysse lidt salt i, røre hurtigt rundt og hælde den op i en beholder, foret med bagepapir og smurt let med lidt olie.
Karamellen skal have en højde på omkring 1–1½ cm i formen.

Lad karamellen køle helt af inden den skæres/klippes i passende stykker og pakkes i bolchepapir eller cellofan.

Hvis man vil lave guldkarameller, formes den endnu lune masse til kugler, der afkøles og dyppes i *smeltet* chokolade.

Frugtflæsk

Ingredienser

5 dl sukker

1 dl glukosesirup

1¾ dl vand

200 g hindbær eller jordbær

1½ tsk. citronsyre

20 blade husblas

Pynt: Sukker

Fremgangsmåde

Passer bærrene gennem en si.

Sukker, glukosesirup og vand koges sammen, til massen når en temperatur på 140 grader. Bærrene tilsættes. Kog videre, til massen når 120 grader.

Husblas *udblødes* i rigeligt vand i 5 minutter, inden de afdryppes og tilsættes bærblandingen sammen med citronsyren.

Bland det hele godt, og hæld massen i en bradepande, belagt med bagepapir smurt i smagsneutral olie eller drysset med sukker.

Strø lidt sukker over, og stil flæsket koldt, til det stivner.

Flæsket kan nu skæres i mindre stykker, der vendes i sukker.

Holdbarheden er ikke lang, da væsken fra frugtflæsket vil trænge ud i sukkeret.

Man kan evt. halvere portionen.

Foto: Karen Marie

Fudge

Ingredienser

1½ dl piskefløde

125 g sukker

150 g sirup

1 tsk. flagesalt

1 stang vanilje

50 g smør i tern

100 g hakket hvid chokolade

Fremgangsmåde

Knus vaniljekornene i lidt af sukkeret.

Fløde, sukker, sirup og salt bringes i kog i en tykbundet gryde. Kog under omrøring i 20-30 minutter, til massen når 124 grader. Dyp 1 tsk. masse i iskoldt vand. Massen skal kunne formes til en sej, fast kugle.

Tag gryden af varmen og tilsæt smør og chokolade. Rør til blandingen er jævn og hæld fudgen ud i en lille form, beklædt med bagepapir. Lad fudgen køle af på bordet, før den skæres i tern med en kold, skarp kniv. Kan opbevares i lufttæt beholder i 2-3 uger.

Fyldte chokolader med ganache

Ingredienser

Mørk, lys eller hvid chokolade (min. 400 g)

Fløde, lime, hvid chokolade ...
Kondenseret mælk, salt, lakrids*pulver* ...
Marcipan, nougat, frugt i likør, praline ...

Foto: Kent

Fremgangsmåde

Rens formene i varmt vand, tør dem og puds dem med en tot vat.

Temperer en stor portion chokolade. Placer dine forme på en rist over et stykke bagepapir. Hæld chokolade i formen, bank formen mod bordet for at fjerne lufthuller og hæld den overskydende chokolade ud. Skrab overfladen ren med en paletkniv. Sæt formen til afkøling. Den overskydende chokolade kan genbruges.

Fyld kan laves klar på forhånd og hældes i en *sprøjtepose.*

Karamel: *Kondenseret* mælk koges ind under omrøring til en gylden karamel. Karamellen kan evt. tilsættes saltflager, lakrids eller anden smag. Nogle vælger at koge den kondenserede mælk i dåsen. Den skal i så fald koge i 3 timer dækket af vand.

Ganache: 100 g hvid chokolade hakkes og kommes i en skål. 50 ml piskefløde varmes forsigtigt op sammen med revet skal fra en lime. Når fløden når kogepunktet, hældes den over chokoladen. Massen vendes sammen, til chokoladen er opløst. Smag evt. til med saft fra lime. Fyldet kan tilsættes frugtfarve. Hæld ganachen i en *sprøjtepose* og læg den på køl.
I stedet for lime kan ganachen smages til med pebermynte, rom eller hvad man nu kan lide. Ganachen kan også laves på mørk chokolade og appelsin, kaffe eller lignende.

Når chokoladeskallerne er faste, sprøjtes der fyld i formen. Fyld kun hullerne ¾ op, så der er plads til at lukke formen. Sæt igen formen på køl.

Temperer en portion chokolade til at lukke formen med. Den flydende chokolade hældes over fyldet. Overskydende chokolade skrabes af, og formen sættes på køl. Alternativt kan man hælde chokolade i en *sprøjtepose* og lukke hvert enkelt stykke. Det er vigtigt, at skallerne og låget lukkes, så fyldet ikke kan flyde ud.

Når chokoladen størkner, trækker den sig sammen. Derfor kan chokoladerne vendes ud af formen, ved at banke den let mod bordet. De skal opbevares mørkt og køligt men aldrig i køleskab.

Kandiserede æbler

Ingredienser

4 små røde æbler

400 g sukker

135 ml vand

2 spsk. glukosesirup

50 g kokosmel

Fremgangsmåde

Rist kokosmelet gyldent på en pande og sæt det til side.

Sæt æblerne på pinde eller brug en lakridsrod som pind.

Rør sukker, vand og glukose sammen i en gryde og varm så op ved hård varme, til massen koger. Skru ned til middel temperatur og pensl grydens sider med koldt vand for at undgå krystaller i kanterne. Dette gøres i alt ca. 5 gange under opvarmningen.

Når massen når 152 grader, tages gryden af varmen.

Når massen ikke bobler længere, dyppes et æble ad gangen i karamellen. Dyp derefter bunden i kokos og stil æblet til afkøling på et *teflonvæv* eller et stykke smurt bagepapir.

Æblerne bør spises samme dag.

Foto: Maria

Kartoffelchips med dip

Ingredienser

Store kartofler
Evt. andre rodfrugter
Evt. 1 l friture eller vegetabilsk olie
Groft salt

100 g creme fraiche
3 spsk. mayonnaise
Smagsgivere (se side 29)

Fremgangsmåde 1

Varm fritureolien op til 180 grader.

Skær kartofler i tynde skiver. Brug evt. et *mandolinjern*.

Dup kartoffelskiverne tørre med et viskestykke og sænk dem i frituren lidt ad gangen. Når chipsene bliver gyldne, tages de op, lægges på fedtsugende papir og drysses med lidt groft salt.

Prøv at lave chipsene af forskellige rodfrugter som f.eks. rødbede, jordskokker eller pastinak.

Fremgangsmåde 2

Tænd ovnen på 225 grader varmluft.

Skær kartoflerne i tynde skiver og dup dem tørre. Vend kartoflerne sammen med olivenolie og spred dem ud i et lag på en bageplade. Drys med salt eller andre krydderier efter smag og bag dem i 8-10 minutter, til de er sprøde.

Dip

Bland smagsgiverne sammen med mayonnaisen. Vend derefter forsigtigt dippen sammen med creme fraiche og smag til.

Brug både salt, sødt, surt og bittert.

Salt, peber, paprika, karry ...
BBQ, tandoori, masala ...
Purløg, dild, karse, hvidløg ...
Ketchup, worcestershire, soya, sennep ...
Honning, sirup ...
Eddike, citronsaft ...

Kinderæg/påskeæg

Ingredienser

200 g mørk chokolade
200 g hvid chokolade

Fremgangsmåde

Rengør to æggeformede chokoladeforme i vand, tør dem godt og puds dem med vat.

Temperer den mørke chokolade og fyld formene med chokoladen, så hele skallen er dækket. Bank formene mod bordet, så eventuelle luftbobler brister. Hæld den overflødige chokolade ud og skrab kanterne helt rene med en lang paletkniv eller bagsiden af en kokkekniv.

Lad de to skaller størkne i køleskabet i 5-10 minutter.

Temperer den hvide chokolade og gentag proceduren, så der nu er to lag chokolade i hver form. Nogle forme kan samles med det samme. Hvis dette er tilfældet, og der ikke skal lægges en overraskelse i ægget, vendes den samlede form et par gange, så den hvide chokolade lukker hele vejen rundt. Ellers lægges skallerne igen i køleskabet i 10 minutter.

Hvis chokoladen er tempereret rigtigt, vil den trække sig sammen, når den størkner og dermed slippe formen. De to skaller vendes ud af formene. Brug en skarp, varm kniv til at rette kanterne til, så de er helt lige.

Pak en lille gave ind i husholdningsfilm og læg den i den ene skal. Placer en tynd stribe smeltet chokolade på kanten af skallen. Brug evt. en *sprøjtepose* til at styre chokoladen med. Læg med det samme den anden skal på og pres skallerne forsigtigt sammen. Fjern den overskydende chokolade.

Påskeægget pakkes ind i cellofan.

Hvis man vil, kan man sprøjte farvet chokolade ud i et mønster i formen, inden man støber chokoladen. På den måde får ægget et flot, personligt udtryk.

Kokosmakroner med marcipan

Ingredienser

3 æg

300 g sukker

300 g kokosmel

100 g groftrevet marcipan

200 g god mørk chokolade

Fremgangsmåde

Rør æg, sukker, kokosmel og revet marcipan (kan evt. undlades), til dejen samler sig. Lad dejen trække tildækket i køleskabet i mindst 1 time. Hvis den virker tør, kan man tilsætte 1 cl vand, rom, kaffe eller anden væske.

Form kokostoppene direkte på en bageplade med bagepapir. De kan formes som "bøffer" eller sprøjtes ud i toppe.

Bag toppene ved 180 grader i ca. 12 minutter, til de er let gyldne

Lad kokostoppene køle helt af, inden bundene dyppes i chokolade, smeltet over *vandbad*.

Lakrids-dominosten

Ingredienser

60 g lakrids*pulver*

30 g salmiak*pulver*

10 ml sort slikfarve

75 g gelatine

100 g majsstivelse

460 g druesukker

140 g sukker

Fremgangsmåde

Bland lakridspulver, salmiakpulver, sort slikfarve og 60 ml vand.

Kog 1 dl vand op og hæld det i en skål. Tilsæt gelatine og placer gelatineblandingen over et *vand-bad,* så den holdes varm.

Rør majsstivelse, druesukker og sukker sammen. Bland det med 1½ dl koldt vand i en gryde. Vej gryden med indhold før start. Varm massen op under omrøring i ca. 10 minutter. Der skal fordampe ca. 130 g. Tag gryden af varmen og tilsæt lakridsblandingen. Rør rundt og tilsæt herefter gelatineopløsningen.

Hæld massen ud på en bolchemåtte/*teflon-væv,* smurt med smagsneutral olie. Læg evt. måtten i en bradepande, så størrelsen passer med, at lakridsmassen ligger i et 1-2 cm tykt lag.

Lad massen tørre i ca. 1 time. Skær/klip lakridsen ud i rhomber. Bland lidt sukker med en smule salmiaksalt og vend stykkerne i sukkerblandingen.

Lakridskarameller

Ingredienser

1 dåse *kondenseret mælk*
150 g sukker
100 g smør
4 spsk. sirup
4 tsk. lakrids*pulver*
1 spsk. lakrids*sirup*
½ stang vanilje

Evt. hvid chokolade

Fremgangsmåde

Flæk vaniljestangen og skrab kornene ud. Knus kornene sammen med lidt af sukkeret.
Hæld alle ingredienser i en tykbundet gryde og kog massen i 15-20 minutter under omrøring, til massen når 125 grader. Test evt. massen ved at køle den en smule ned på en kold tallerken og se, om man kan trille kugler af den.

Hæld massen i en form, beklædt med bagepapir og lad den køle af. Skal det gå hurtigt, kan massen sættes i køleskabet i ca. 30 minutter.

Karamellen kan skæres eller klippes ud i ønsket størrelse og pakkes ind i madpapir eller cellofan.

Hvis man ønsker det, kan den overtrækkes med hvid chokolade og pyntes med et drys af lakridspulver.

Lakridskonfekt

Ingredienser

Lakridsblanding:
100 g lakrids*pulver*
80 g gummi arabicum
10 ml sort slikfarve
40 g honning
½ dl vand

Gelatineblanding:
11 g gelatinepulver
20 ml vand

Konfektmasse:
80 g honning
100 g kokosolie
180 g druesukker
500 g flormelis
20 ml vand

Brun masse:
40 g kakaopulver
2 ml appelsinolie

Gul masse:
50 g kokosmel
4 ml citronolie
8 ml gul slikfarve

Hvid masse:
50 g kokosmel
2 ml pebermynteolie

Fremgangsmåde

Lakridsblanding:
Smelt honning, vand og sort slikfarve over et *vandbad*. Bland lakridspulver og gummi arabicum sammen og rør det i honningmassen med en gaffel. Hold vandbadet tæt på kogepunktet og lad massen stå her i ca. 20 minutter, til massen simrer. Rør med jævne mellemrum i massen.
Smør et *teflonvæv* med smagsneutral olie og hæld massen ud herpå i et jævnt lag. Løft evt. kanterne lidt på bagemåtten, så der dannes en firkant på størrelse med et A4 ark.

Gelatineblanding:
Placer en skål i en lille gryde med vand, så det når ¾ op ad skålens kant. Tag skålen op igen, og varm vandet i gryden op til kogepunktet. Tag gryden af varmen. Rør gelatinen ud i 20 ml vand. Stil skålen i vandbadet og læg låg på, til gelatinen skal bruges.

Konfektmasse:

Smelt kokosolie, honning og 20 ml vand i en gryde over svag varme under omrøring. Tilsæt drue-sukkeret lidt ad gangen. Massen skal være klumpfri og jævn.

Opvarm massen, til sukkeret er helt smeltet. Tag gryden af varmen i det øjeblik massen begynder at koge.

Tilsæt den flydende gelatineblanding i en tynd stråle, mens der piskes med en elpisker. Fortsæt med at piske, til massen er hvid og ugennemsigtig.

Tilsæt en smule af flormelissen, mens der stadig piskes.

Drys lidt flormelis på en bolchemåtte/*teflonvæv* og skrab massen ud på vævet.

Tilsæt smagsgivere og farve alt efter, hvilken konfekt der ønskes.

Tilsæt nu flormelis lidt ad gangen, mens det forsigtigt æltes ind i konfektmassen. Når alt flomelis er æltet ind, deles massen i to lige store dele og rulles ud på størrelse med A4.

Læg lakridspladen på den ene del og dæk med den anden del.

Nu kan massen skæres i tern eller stænger og pakkes ind i bagepapir eller opbevares i en lufttæt beholder.

Macarons (24 stk.)

Ingredienser

Franske:	Italienske:	Ganache:
120 g mandelmel	150 g mandelmel	1½ dl fløde
220 g flormelis	150 g flormelis	100 g hvid chokolade
100 g æggehvider	60 g æggehvider	1 tsk. vaniljesukker
25 g sukker	150 g sukker	Skal + saft fra ½ lime
15 g kakao/farve	75 g vand	

Fremgangsmåde

Der findes tre slags macarons:

- Fransk (klassisk marengs af æggehvider og flormelis)
- Italiensk (marengs af sukkersirup og æggehvider)
- Schweizisk (lavet over vandbad)

Den klassiske franske macaron:

Bland mandelmel og flormelis i en skål og pisk æggehviderne med sukkeret i en anden skål.

Vend de to masser sammen og tilsæt kakao eller farvestoffer.

Sprøjt massen ud på bageplade med papir i ens størrelser og uden top. Bank pladen i bordet et par gange, så der ikke er luftbobler i massen.

Lad kagerne lufttørre i ½-1 time. De skal danne en hinde, så de ikke sprækker i ovnen.

Bag dem derefter ved 140-170 grader (forvarmet ovn) i ca. 15 min.

Lad kagerne køle af på bagepapir. Macaron'en er meget skrøbelig, når den er varm, så brug evt. en flad paletkniv til at løsne den med.

Den italienske udgave:

Her koges sukker og vand op til 118 grader og piskes så sammen med letpiskede hvider i ca. 15 minutter, for at danne en mere stabil skum. Mandelmelet vendes i til sidst.

Ganache:

Kog fløden op og hæld den over den hakkede hvide chokolade. Rør rundt, til massen er jævn og tilsæt smagsgivere. Hæld massen i en *sprøjtepose* og læg den i køleskabet, til den er helt kold.

Saml to macarons med fyld imellem. Det kan f.eks. være Sarah Bernard creme, syltetøj, lemon curd eller fyldet fra chokoladerne på side 25.

Marshmallow balls

Ingredienser

100 g smør

1 dl sukker

½ dl sirup

1 dl skumfiduser (40-50 g)

½ tsk. vaniljesukker

1¼ l poppede popcorn

Fremgangsmåde

Smør, sukker og sirup smeltes sammen ved middelvarme. Klip skumfiduserne i mindre stykker og tilsæt dem. Rør rundt, til de er helt smeltet. Tag gryden af varmen og rør vaniljesukkeret i.

Vend popcornene i, og rør rundt til det hele er godt blandet.

Form kugler af massen. Det kan hjælpe at spraye sine hænder med sprayfedt eller smøre dem ind i olie, inden kuglerne formes. Karamelmassen kan være meget varm.

Lad kuglerne størkne.

Man kan evt. dyppe kuglerne i *smeltet* chokolade.

Marsbar

Ingredienser

200 g mandler (eller afskallede hasselnødder)

200 g sukker

1 stang vanilje

65 g lys chokolade

1 portion karamel fra twix opskrift side 52

Mørk chokolade til ovetræk

Fremgangsmåde

Pralinemassen laves ved at blande sukker, nødder og vand i en pande og smelte massen ved middel varme. Når sukkeret er tørret ind og ser helt grumset ud, røres der i nødderne, indtil sukkeret er smeltet. Når nødderne er karamelliserede og blanke, tages de af og lægges på et stykke bagepapir.

Kør de karamelliserede nødder i en foodprocessor sammen med kornene fra vaniljestangen. Når massen er ensartet, tilsættes *smeltet* chokolade. Kør igen pralinemassen, til den er sammenhængende.

Marsbaren kan enten støbes i form eller formes i hånden.

Hæld karamellen ud i en form med bagepapir. Den skal være ca. 1½ cm tyk. Stil formen på køl i 15 minutter.

Form pralinemassen i passende stykker, og læg dem på et stykke bagepapir.

Skær karamellen ud i tilsvarende stykker og læg dem oven-på pralinemassen. Pres forsigtigt med fingrene de to styk-ker konfekt sammen. Karamellen kan evt. trækkes ned over bundens sider. Læg marsbarrerne på frost i ca. 10 minutter.

Smelt chokolade over et *vandbad* og vend de frosne mars-barrer heri.

Mozartkugler

Ingredienser

50 g pistaciekerner
100 g marcipan
150 g nougat
250 g kold pralinemasse (se side 38)
200 g mørk chokolade

Fremgangsmåde

Blend pistaciekernerne sammen med marcipa-
nen. Form små kugler af massen og læg dem på
frost. Smuldr den kolde pralinemasse i en skål.
Smelt nougat over et *vandbad*. Brug en tand-
stikker til at dyppe de let frosne kugler i nougat,
og vend dem derefter i pralinesmulderet.
Stil kuglerne køligt eller læg dem kortvarigt på
frost. Man kan bruge en toiletrulle eller et styk-
ke flamingo til at stikke tandstikkerne i.

Til sidst dyppes kuglerne i *temperetret* chokola-
de. Når chokoladen er størknet, pakkes kugler-
ne ind enkeltvis.

Foto: Josephine

P-tærter

Ingredienser

100 g mørk eller lys chokolade

30 g skumfiduser (se side 46)

70 g saltede peanuts

Fremgangsmåde

Smelt chokoladen over et *vandbad*.

Klip skumfiduserne i stykker med en saks. Hvis der bruges miniskumfiduser, er de fine nok, som de er.

Hvis skumfiduserne skal smelte i chokoladen, starter man med at vende dem i den varme chokolade og tilsætter peanuts til sidst.

Ellers tilsættes peanuts først, så massen er kølet lidt ned, når skumfiduserne vendes i.

Sæt klatter af blandingen på bagepapir og sæt P-tærterne på køl.

Man kan variere udgaven ved at skifte peanuts ud med f.eks. pistaciekerner eller bruge hvid chokolade.

Man kan også tilsætte lakrids*pulver*, revet limeskal eller andre smagsgivere.

Romkugler

Ingredienser

400 g kage (chokoladekage, wienerbrød, mazarinkage, æbletærte eller lignende)

Evt. 125 g marcipan

175 g smeltet mørk chokolade eller 2 spsk. kakaopulver

2 spsk. hindbærmarmelade

Ca. 2 tsk. romessens

Evt. 2 cl rom

Fremgangsmåde

Kagemassen smuldres fint og røres sammen med resten af ingredienserne. Brug marmeladen til at tilpasse konsistensen. Til sidst smages til med rom*essens*.

Form kugler og vend dem i krymmel, chokoladespåner, kokos eller hakkede nødder.

Hvis man i stedet former runde brød, ruller dem i et tyndt lag marcipan og dypper enderne i chokolade, har man de klassiske træstammer.

Rugchips

Ingredienser

125 g rugmel
1½ dl æggehvider (4-5 stk.)
2 tsk. olivenolie
2 tsk. salt

Fremgangsmåde

Pisk alle ingredienser sammen.

Smør dejen tyndt ud på en
bageplade, belagt med bagepapir. Marker evt. med en paletkniv, hvor chipsene skal knækkes.

Drys med lidt groft salt eller BBQ krydderi og bag chipsene i ovn ved 160 grader i ca. 15 minutter. Hold godt øje med dem – jo tyndere de er, jo kortere bagetid. Når dejen er sprød, tages den ud af ovnen, køles af og knækkes i flager.

Rugchipsene kan serveres til suppe, men kan også nydes som en snack med en lækker dip til. (Se side 29).

Rutebiler og kyskager

Ingredienser rutebiler

1 æggehvide (40 g)
250 g flormelis
2 spsk. kakao
½ tsk. hjortetakssalt

Ingredienser kyskager

3 æggehvider
150 g sukker
2 tsk. lakrids*pulver*
eller anden smag/farve

Fremgangsmåde rutebiler

Pisk hviderne luftige, og vend derefter de andre ingredienser i.
Når dejen er fast, stilles den på køl.

Sprøjt den kolde dej ud med en *sprøjtepose* med stjernetyl eller kør den på kødhakkeren uden kniv med "krone" skiven. Læg strimlerne med god afstand imellem på en plade med bagepapir. Bag rutebilerne ved 110 grader, til de kan løsnes fra papiret. (Ca. 45 minutter).

Fremgangsmåde kyskager

Pisk æggehviderne stive. Tilsæt sukker, smag samt evt. farve til massen og pisk den sammen. Hold evt. lidt lakridspulver tilbage til pynt.
Sprøjt marengsmassen ud i små toppe på en bageplade med bagepapir. Drys evt. med lidt lakridspulver som pynt.
Bag kyskagerne ved 110 grader i ca. 1½ time. Bagetiden afgør, om kyskagerne bliver "chewy" eller helt gennemtørrede.

Skumbananer

Ingredienser

20 g gelatine

100 g sukker

120 g druesukker

50 g æggehvide (hvider fra 2 små æg)

2 ml bananaroma (eller anden smag)

2 ml citronsyre

1 ml gul frugtfarve/pastafarve

Evt. mørk chokolade til overtræk

Fremgangsmåde

Kog vand op i en gryde og sluk for varmen, når vandet koger. Fyld ½ dl vand i en glasskål og drys gelatinepulver i vandet. Rør forsigtigt, til alt pulveret er opløst. Stil skålen ned i gryden med det kogende vand, så vandet når ca. ¾ op af skålens kant, og læg låg på.

Rør 25 ml koldt vand sammen med sukker og druesukker i en gryde. Varm sukkermassen op ved kraftig varme og under omrøring, til det bobler. Kog videre uden omrøring, til temperaturen når 132 grader. Tag gryden af varmen og lad massen køle ned til 100 grader.

Pisk æggehviderne til skum og tilsæt smag, farve og citronsyre.

Når sukkermassen når de 100 grader, røres gelatineopløsningen i. Tilsæt sukkermassen til æggehvideskummet i en tynd stråle, mens der piskes med elpiskeren. Pisk skummet i 4-5 minutter, til det er stift, og piskeriset sætter spor i massen.

Fyld massen i en *sprøjtepose* og sprøjt straks skumbananer ud på en plade med smurt bagepapir eller et *teflonvæv*. Efter ca. 15 minutter sigtes druesukker ud over skumbananerne (husk også undersiden).
Man kan også brede massen ud i et jævnt lag og stikke, skære eller klippe stænger ud, når den er størknet.

Lad stængerne tørre lidt, inden de pensles med *tempereret* mørk chokolade.

Skumfiduser

Ingredienser

2 dl vand

400 g sukker

12 blade husblas

1 stang vanilje

2 dl flormelis

Evt. farve og smag

Fremgangsmåde

Husblas *udblødes* i koldt vand.

Flæk vaniljestangen og skrab kornene ud. Knus dem sammen med lidt af sukkeret.

Vand, vanilje og sukker bringes i kog. Lad væsken simre, til den når præcis 118 grader. (Det kan godt tage lidt tid).

Beklæd en bradepande med bagepapir og brug en sigte til at drysse et tykt lag flormelis over hele bunden.

Tag gryden af varmen og tilsæt afdryppet husblas. Rør rundt i massen, til husblassen er helt opløst, og massen er kølet ned til ca. 100 grader.

Pisk sukkermassen med en elpisker i 10-15 minutter. Massen skal være luftig og afkølet. Den kan med fordel piskes på maskine. Her kan man vælge at tilsætte smag og farve. Massen er klar, når den er meget klistret og trækker seje, lange tråde.

Hæld massen over i bradepanden, og bred den ud i et jævnt lag på ca. 2 cm.

Hvis der ønskes en marmoreret farvning af skumfiduserne, kan man med en tandstikker trække striber af frugtfarve i massen.

Strø flormelis over massen, og stil den til afkøling i 4-5 timer eller evt. til næste dag.

Man kan evt. prøve at glatte overfladen, efter at der er strøet flormelis ud.

Når massen er størknet, vendes den ud på et bord. Smør en kniv eller en saks ind i smagsneutral olie og skær eller klip skumfiduser i passende størrelse.

Skumfiduserne kan opbevares i en lufttæt beholder i ca. en måned.

Snebolde

Ingredienser

100 g marcipan

125 g chokolade

1 dl kikærtevand/æggehvider

2 dl flormelis

Fremgangsmåde

Tril marcipanen i kugler a 10 g og lad dem ligge og "tørre" ca. 2 timer. Sæt en tandstikker i hver kugle og læg dem på frost i ca. 10 minutter. Man kan bruge en flamingoklods eller en toiletrulle som holder.

Temperer chokoladen og dyp hver kugle i chokolade, så de får et tykt overtræk. Stil igen kuglerne på frost ca. 10 minutter. Gentag chokoladeovertrækket, til den ønskede tykkelse opnås. Man kan hælde den overskydende chokolade tilbage i tempereringsskålen.

Når chokoladeovertrækket er helt størknet, skal kuglerne overtrækkes med en form for glasur. Man kan lave en royal icing af æggehvider, pisket med flormelis. Her har jeg valgt at bruge en lidt anden type glasur, nemlig *aquafaba* (kikærtevand).

Flormelis sigtes, så det er klumpfri. Dyp kuglerne i kikærtevandet/æggehviderne så de er helt dækket. Vend derefter kuglerne i flormelis. Flormelissen må gerne presses godt ind i vandet. Hvis væsken trænger igennem sukkerlaget, vendes kuglerne blot flere gange i flormelis, indtil de er tørre og fine.

Glasuren skal nu hærde. Det kan godt tage lang tid. Lad dem gerne stå til dagen efter. Pil forsigtigt tandstikken ud og luk evt. hullet med lidt glasur.

Snickerskugler

Ingredienser

300 g dadler

100 g mandler

100 g kokosmel

1 dl kokosolie

175 g penautbutter

50 g kakaopulver

1 tsk. vaniljesukker

40 g lys sirup

Evt. chokolade til overtræk

Fremgangsmåde

Blend dadler, mandler, kokosmel og kokosolie sammen til en jævn masse.

Bland massen med peanutbutter, vanilje og kakao og juster med sirup, til den har en formbar konsistens.

Læg massen på køl i ca. 20 minutter, og form derefter kugler på størrelse med valnødder.

Kuglerne kan pyntes med kokos eller overtrækkes med *smeltet* chokolade.

Toffifee

Ingredienser

100 g smør

2 dl fløde

250 g sukker

1 dl lys sirup

1 tsk. vaniljesukker

30 g mælkechokolade

25 g nougat

40 stk. hasselnødder

100 g mørk chokolade

Fremgangsmåde

Hasselnødderne spredes ud på en bageplade og bages i ovn ved 175 grader varmluft i 10-12 minutter. Ryst pladen undervejs, så nødderne vendes. Når de er gyldenbrune under hinden, tages de ud. Nødderne nulres i et viskestykke, så hinderne falder af.

Smør smeltes ved middelvarme. Pas på det ikke branker eller skiller.

Tilsæt fløde, sukker, sirup og vaniljesukker. Kog massen ind ved middelvarme, til den når 124 grader.

Fordel den varme karamel i forme (enten hårde forme eller silikoneforme) og stil dem straks på køl i ca. 15 minutter.

Smelt mælkechokolade sammen med nougat over et *vandbad* og hæld massen i en *sprøjtepose*.

Tryk et hul i midten af hver karamel og kom lidt nougatfyld samt en hasselnød i hullet.
Sæt igen massen på køl i 10-15 minutter.

Smelt mørk chokolade over et *vandbad* og luk alle karamellerne med et låg af chokolade. Når chokoladen er størknet, er karamellen færdig.

Man kan vælge at drysse lidt hakkede nødder eller anden pynt på chokoladelåget, før de stilles til afkøling.

Trøffelkugler

Ingredienser

225 g mørk chokolade

1½ dl piskefløde

75 g flormelis

Smagsgiver (knuste bolcher, vanilje, rom, lakrids*pulver*, aromastoffer eller lignende)

200 g mørk chokolade til overtræk

Fremgangsmåde

Kog fløden op med smagsgiveren, og lad den simre under låg i 10 minutter.

Tilsæt chokoladen og rør massen jævn. Lad massen køle af til stuetemperatur, tilsæt flormelis og rør igen massen jævn.

Stil massen på køl i 2 timer og form kugler i den ønskede størrelse. Læg de formede kugler på køl eller kort tid på frost.

Smelt chokoladen over et *vandbad* og dyp kuglerne i chokolade.

Pynt dem evt. med flagesalt, perlesukker eller anden pynt.

Kuglerne kan opbevares på køl.

Hvis de ikke skal overtrækkes med chokolade, bør de lægges i separate, små papirforme.

Foto: Kamilla

Twix

Ingredienser

100 g mel
1 spsk. rørsukker
50 g smør
1 æg
1 dl fløde
50 g sukker
25 g glukosesirup
Lidt salt
250 g chokolade

Fremgangsmåde

Kiks:

Bland mel og rørsukker med en knivspids salt og smuldr smørret i. Saml dejen med et sammenpisket æg, og tilsæt koldt vand lidt ad gangen. Når dejen er glat og fast, rulles den ud og skæres ud i den ønskede størrelse.

Bag kiksebundene ved 200 grader varmluft i 10-15 minutter, til kiksene er gyldne i kanterne. Læg bundene til afkøling på en rist.

Alternativt bages dejen i en brødform i et 2 cm tykt lag. Lad kiksen blive i formen efter bagning.

Karamel:

Kog sukker, glukose og fløde op i en tykbundet gryde. Lad massen simre i 20-30 minutter, til karamellen er tyktflydende. Tag en smule karamel og læg den på en kold tallerken, så den køler hurtigt af. Tril den til en kugle og mærk efter, om den har den ønskede konsistens. Man skal kunne sprøjte den ud på kiksebunden, uden at den flyder ud. Hvis den er for blød, skal den koges lidt længere.

Er kiksebunden bagt i en brødform, hældes den varme karamel over den afkølede kiks og stilles så på køl. Når den er kølet af, skæres twix ud i passende størrelse.

Temperer chokoladen.

Pensl kiksebundene med chokolade på den ene flade og på kanterne. Lad dem størkne. Vend bundene om og sprøjt en stribe karamel ud på den upenslede side.

Hæld resten af chokoladen i en *sprøjtepose* og brug den til at dække karamellen med chokolade, så den kommer ned og hæfter på kiksebunden. Sprøjt chokolade fra side til side på samme måde, som når man sprøjter glasur på en kransekage. (Man kan også fryse barren, og derefter dyppe den i chokoladen).

Vingummi

Ingredienser

½ dl koldt vand
110 g sukker (1¼ dl)
75 g druesukker (1¼ dl)

50 g gelatine (3 spsk.)
½ dl kogende vand

Til frugtvingummi:
2 g citronsyre (½ tsk.)
1-2 ml slikfarve
1-2 ml frugtaroma

Ti lakridsvingummi:
2 ml sort slikfarve
Evt. ¾ tsk. fint salt
5 ml lakrids*flavour*
½ ml anisolie

Fremgangsmåde

Koldt vand, sukker og druesukker røres sammen i en gryde og koges op til 146 grader.
Tag gryden af varmen og lad massen køle ned til 110 grader.

Når sukkermassen når ned på ca. 120 grader, opløses gelatinen i det kogende vand.
Gelatinemassen tilsættes sukkermassen, når den er nået ned på 110 grader.

Tilsæt smag og farve og hæld massen ud i silikonefor-me. Når massen er helt afkølet, kan de færdige vin-gummier tages ud af formene. Hvis de stadig klistrer en smule, kan de vendes i lidt sukker.

Massen kan evt. opdeles i to portioner, lige inden der tilsættes smag og farve. På den måde kan man lave forskellige vingummier af en portion.
Husk i så fald at halvere mængden af farve– og smagsstoffer, der tilsættes.

Temperering af chokolade

Valg af chokolade

Man kan købe flere forskellige slags chokolader i butikkerne. De billigste indeholder ofte palmefedt i stedet for kakaosmør. I teorien kan man sagtens bruge billige chokolader, men smagen er derefter. Desuden er udvinding af palmefedt ikke godt for miljøet.

Opbevaring

Ideelt set bør al chokolade opbevares uden for køleskab ved en temperatur på 8 grader. Da dette kan være svært, så er det næstbedste et køligt sted med en konstant temperatur og ingen tilstedeværelse af stærkt lugtende ting. Det vigtigste er, at temperaturen er konstant. Så hellere lidt højere opbevaringstemperatur (ca. 15-18 grader) end svingende temperaturer. Chokolade kan holde sig ca. 1 år, men husk at det, der forsvinder først, er aromaen.

Temperering

Med temperering forstår man den teknik, der tillader fedtstoffet i chokoladen at krystallisere (hærde) i en stabil og homogen form. Korrekt temperering giver en blank og skinnende overflade (formstøbt eller overtrukket). Korrekt temperering sikrer en lang holdbarhed, uden at chokoladen bliver grå.

Der arbejdes med tre temperaturer (se skema side 55). T1 er den temperatur, chokoladen skal varmes op til, for at alle fedtmolekyler smelter. T2 er den temperatur, man køler ned til, for at chokoladen kan danne struktur og blive sprød. T3 er arbejdstemperaturen, hvor chokoladen er tilpas flydende.

Hvis man tempererer i en skål (metoden, hvor man tilsætter usmeltet chokolade for at køle ned), kan man springe T2 over, da den usmeltede chokolade i forvejen har struktur. Dvs. "knækket" opstår – dog kan det have en betydning for blankheden. Derfor er den mest optimale måde temperering på marmorbord.

Temperering i en skål:
Ved denne type temperering smeltes ¾ af den fulde mængde chokolade til den høje temperatur, T1 . Man kan bruge en mikroovn (sørg da for at røre i massen jævnligt) eller smelte chokoladen over et *vandbad.* Hak den resterende fjerdedel chokolade fint. Hæld gradvist den hakkede chokolade i den varme chokolade, indtil man når temperaturen T3.

Temperering på bord:
Ved manuel temperering smeltes hele massen til den høje temperatur, T1. Hæld ¾ af denne masse

ud på et marmorbord. Bland massen ind mod midten med to spartler eller paletknive, indtil man når temperaturen T2. Hæld straks denne masse tilbage i skålen med den resterende mængde utempererede chokolade og bland det hele grundigt sammen. Opvarm forsigtigt massen til temperaturen T3 og hold denne temperatur under hele arbejdet.

Chokoladetemperatur

Type	T1	T2	T3
Mørk	55°C	28°/29°C	31°C
Lys	45°C	27°/28°C	30°C
Hvid	40°C	26°/27°C	29°C

T1: Smeltetemperatur

T2: Krystalliseringstemperatur

T3: Arbejdstemperatur for tempereret chokolade

Ved temperering af chokolade skal man minimum arbejde med 400 g chokolade. Desuden er det vigtigt at have et termometer, der viser temperaturen med det samme og måler meget præcist, da kun få graders afvigelse kan ødelægge resultatet.

Når den korrekt tempererede chokolade er størknet, trækker den sig sammen og vil derfor let slippe formen.

Hvis chokoladen ikke skal støbes i form, kan man med fordel temperere mindre mængder over et vandbad.
Placer en skål over en gryde med (næsten) kogende vand. Smelt ⅔ af chokoladen i skålen.
Tag derefter skålen af varmen og tilsæt den sidste tredjedel. Krystallerne i den uopvarmede chokolade bør være nok til, at chokoladen får knæk, når den størkner.

Alkohol og chokolade

Hvis man skal lave fyldte chokolader med alkohol, bør alkoholen støbes i en sukkerlage, da den ellers vil trænge gennem chokoladen ved lukningen.
Kog 300 g sukker og 125 ml vand til 108 grader. Lad lagen køle ned til 65 grader. Tilsæt 30 ml likør og lad lagen køle ned til stuetemperatur (20-25 grader). Hæld likørblandingen i de støbte skaller, og lad dem stå til dagen efter. Når sukkerlagen har dannet en hinde, kan skallerne lukkes med tempereret chokolade.

Ordforklaring

Aquafaba (kikærtevand)

Når man koger kikærter eller bønner, udskilles et stof til vandet, der har samme funktion som æggehvide. Man kan bruge vandet fra dåsebønner, men man kan også bruge vandet fra de bønner, man koger selv. Sørg da for at koge under låg og kog evt. vandet ind, til det har den samme tykke, cremede konsistens som dåsevandet.

Man kan f.eks. lave vegetabilske marengs af aquafaba.

Blanchere

At nedsænke et emne i vand, der småkoger (ca. 95 grader).

Kondenseret mælk

Mælk, der er kogt i ca. 3 timer, indtil den er helt tyk og cremet. Når vandet fordamper fra mælken, intensiveres den søde smag fra laktosen.

Kondenseret mælk kan købes på dåse. Hvis man koger dåsen med indhold, dækket af vand i 3 timer, vil den kondenserede mælk karamellisere, og man får en dåse karamel.

Man kan også hælde dåsens indhold ud i en gryde. I så fald skal man kun koge en halv time, men under konstant omrøring for at få karamel. Denne metode er bedre for miljøet og måske sundere, da man undgår opvarmning af dåsen.

Mandolinjern

Et råkostjern, der ligger ned. Man kan skære skiver eller rive tynde strimler, alt efter hvilken udgave der bruges.

Passere

Når noget passeres, sigtes det gennem en meget fin sigte eller evt. et stofklæde. Man kan bruge et kaffefilter eller et tyndt viskestykke. Man kan også bruge et etamine, som er et meget fintmasket net.

Pulver/ekstrakt/flavour/essens

Lakridspulver og lakridsekstrakt er tørre smagsgivere. Lakridsflavour og lakridsessens er flydende koncentrerede lakridssmage.

Ofte kan man godt anvende et andet produkt end det, der står i opskriften.

Benævnelserne ses også ved f.eks. romessens, pebermynteolie og mange andre smagsgivere.

Skrabere

En form for hårde dejskrabere uden håndtag. De fås i forskellige størrelser. De store, i meget hård plast, er gode til at folde den varme bolchemasse med eller skære dej over med.

Sprøjtepose

Fås både i stof og plastik. Nogle er til engangsbrug, andre kan vaskes og genbruges.

I spidsen af posen lægges en tyl, der kan have forskellig form og størrelse, så det , der sprøjtes ud, kan formes. Den bruges ofte til flødeskum, marengsmasse, marcipan o.l. for at lave stjerneformede udsprøjtninger. Engangsposerne er gode til chokolade- og glasurarbejde, hvor man kan klippe et meget lille hul og dermed sprøjte massen ud i en tynd stråle.

Sukkertermometer

Et termometer, der kan måle meget høje temperaturer.

Teflonvæv

Er en form for genbrugs-bagepapir. Det fås i forskellige tykkelser og størrelser. Det har en non-slip-belægning, der gør det nemt at løsne bagværk fra "papiret".

Den tykke udgave bruges ofte ved meget varme bolchemasser. Den tynde udgave bruges som erstatning for bagepapir. Hvis man ikke har en bolchemåtte, kan man bruge et bagepapir lagt oven på et håndklæde.

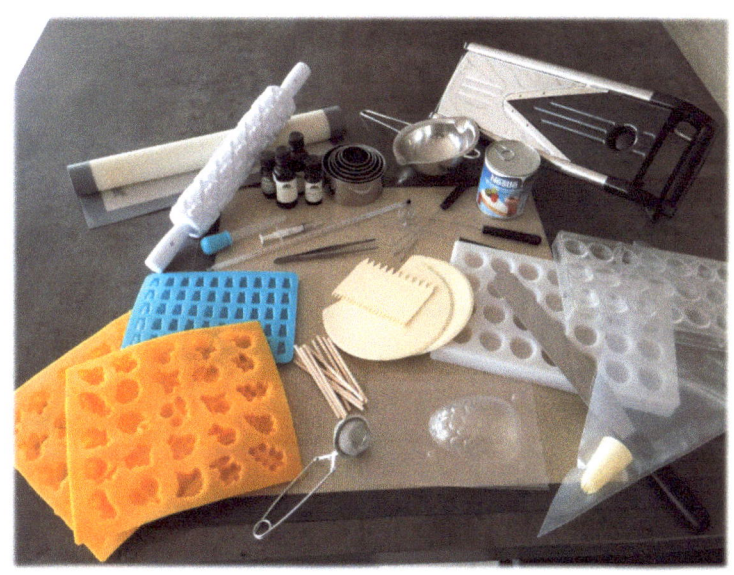

Udbløde husblas

Blade af husblas lægges i en skål med rigeligt koldt vand. Husk at lægge dem i, et blad ad gangen. Efter ca. 5 minutter er bladene bløde og geléagtige. Hæld vandet fra og brug de udblødte blade, som beskrevet i opskriften. Hvis husblas skal blandes med en varm væske, så start med at hælde lidt af væsken sammen med de afdryppede blade og tilsæt derefter husblasblandingen til resten af væsken.

Vandbad

Placer en skål over en gryde med kogende vand. Vanddampende varmer skålen op og opvarmer det, der er i skålen på en mere skånsom måde, end hvis det var lagt direkte i gryden. Temperaturen holdes lige under kogepunktet, da boblerne i vandet ellers kan sprøjte vanddråber ned i den masse, der skal opvarmes. Især chokolade bliver ødelagt af kun ganske få dråber vand.

Tak

Det er altid et stort arbejde at udvikle opskrifter, teste retterne, opstille og læse korrektur og ikke mindst tage billeder af de mange retter.

1000 tak til alle jer skønne børn og unge mennesker, der tålmodigt har stillet op til billederne. Og tak til familien, der har holdt rodet ud og ikke mindst spist sig igennem et hav af godter og søde sager.

Tak til alle jer, der har afprøvet opskrifter for mig og især tak til Eva, der tålmodigt har læst mine tekster igennem og har lært mig så meget om at læse korrektur.

Det har været sjovt, anstrengende og en lille smule kvalmende at beskæftige sig så meget med slik, men vi kom i mål til sidst. Vi er glade for og stolte af resultatet.

Mange tak til Noah og Lara . Mine to skønne børn, der efterhånden er blevet store, og "vil selv". Det er godt, vi har et stort køkken. I er min inspirationskilde. Jeg elsker jer højere end alt andet.

Medvirkende

Modeller

Signe Møller Hjermitslev

Anna Møller Hjermitslev

Esther Møller Hjermitslev

Liva Mauter Andersen

Jennifer Stevns Hertzum Fudge

Nicolai Nørgaard Jørgensen

Anna Nørgaard Jørgensen

Sidsel Siebert Olesen

Aviaya Dybsø Wilhelmsen

Luna Möller-Schøler

Isabelle Andersen

Sofie Wulf

Molly Aagard Kapela

Viktor Ibsen Todsen

Julie Mira Andersen

Anders Perlewitz

Jette Muusmann

Olivia Karma

Line Jensen

Lara Meyer

Noah Meyer

Billeder

Maj-Britt Susanne Ulrich

Kent Madsen

Maria Ibsen

Josephine Fudge

Karen Marie Meyer

Kamilla Schøler

Stine Meyer

Teknisk support

Per Mauter

Korrektur

Eva Aggerholm